Desbarolles

Jacob de La Cottière

Vichy 1875.

PRIÈRE DE REPRODUIRE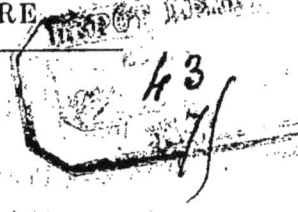

CAUSERIE

SUR

DESBAROLLES ET LA CHIROMANCIE

> « On rit encore de la phrénologie de la
> « chiromancie, des sciences occultes, mais
> « on rit moins déjà parce que le jour se
> « fait, parce que, tôt ou tard, la vérité
> « arrive toujours.
>
> « DESBAROLLES. »

La chiromancie, une science ?..... Allons donc ! Dites plutôt amusette et piperie bien digne d'abêtir les niais, de surexciter les esprits faibles ou de tromper les crédules !

Et cependant, pour tout praticien expérimenté en chiromancie, cet art est vrai comme la nature, puisqu'il est basé sur les harmonies de la nature (1).

Pour ne parler que des astres ; le soleil n'a-t-il pas quelqu'influence sur la terre (2) ?

— Qui le nie ?

---

(1) Lire : LES MYSTÈRES DE LA MAIN, par Desbarolles. — 12ᵉ édition. — Garnier frères, libraire-éditeur.

(2). Le monde est aimanté, en effet, de la lumière du soleil, et l'homme est aimanté de la lumière astrale. Ce qui s'opère dans le corps de la planète, se répète en nous. L'homme est un microscôme.

— Et la lune, sur les marées, les refroidissements plus ou moins grands du sol, sur la folie ?

— Personne n'en doute !

— Mais alors, s'il en est ainsi, pourquoi les autres planètes telles que Jupiter, Saturne, Vénus et Mars n'auraient pas, elles aussi, leurs petites influences ; car, en fin de compte, ce ne sont pas les objets qui sont invisibles, ce sont les yeux qui ne sont pas assez parfaits pour les voir.

Et si, de par la science, il est bien établi que la lumière contient magnétisme et électricité ; si par la vue, nous sommes en rapport de lumière avec ces mêmes astres ; si, dès les âges les plus reculés, par des combinaisons naturelles, des relations harmoniques entre telle ou telle forme du corps, telle ou telle ligne de la main et les instincts avec lesquels cette forme, cette ligne sont en correspondance ; si les hommes, sur tout leur corps, plus particulièrement sur leurs fronts et dans leurs mains, portent tous ces signes révélateurs ; si, les plus grands artistes de la Grèce et de Rome, instinctivement, les ont reproduit avec la plus scrupuleuse exactitude, pour la plus grande admiration des âges futurs ; si Desbarolles, par le contrôle qu'il a su établir entre la chiromancie, la physiologie, la chirognomonie, la phrénologie, la physiognomonie et même la graphologie, science des écritures, il n'a fait qu'ajouter à la certitude expérimentale, au triple point de vue du diagnostic médical, de l'étude de nos passions, de nos sentiments, de notre destinée ; si Job le saint homme Job, enfin, a cru devoir affirmer hautement, et avec raison, que « *Dieu*

« mit des signes dans les mains des hommes
« afin que chacun pût y lire ses propres œu-
« vres (1). »

Encore un coup, s'il en est ainsi, pourrez-vous douter de la réalité et de l'utilité pratique de cette même chiromancie ?

Maintenant, si les mains de l'homme ne sont que la réduction similaire de son corps tout entier; son corps, celle de notre planète; notre planète, celle de l'univers? Tout alors s'expliquera, car la terre elle-même ne sera plus qu'un homme doué de calorique par son feu central; d'un cœur, par son océan; de sang artériel, par ses fleuves; de sang veineux, par ses ruisseaux et ses rivières; de mouvement dans sa double marche, rotative et élyptique autour du soleil; d'aspir et de respir, enfin, avec la lumière astrale son perpétuel aliment régénérateur et vital, tout comme l'air pour nos poumons.

Illusion et rêve de poëte ! va s'écrier la tourbe des gens qui traversent la vie sans rien observer et sans rien voir ! — Mais, qu'importe ? La nature ne cessera pas, pour si peu, de n'avoir jamais eu qu'une seule loi pour se régir elle-même, dans le système général de ses incomparables harmonies.

Oui ! haussez les épaules et riez, pauvres insensés ! Par elle, Dieu nous éclaire et dans la splendeur de ses jours et dans les mystérieuses pénombres de ses nuits !

Partout et toujours, elle imite le diamant; le plus étincelant de ses miroirs, le diamant dont

---

(1) « In manu omnium hominum signat ut noverint
« singuli opera sua. » (Job, Chap. 37, verset VII.)

les facettes projettent mille lueurs variées, qui toutes, cependant, partent de la même pierre.

Oui, haussez les épaules et riez, railleurs ignorants et stupides, vous n'y pourrez rien, car dire à un homme ce qu'il est, à l'inspection des monts et des lignes de ses mains ; des bosses de son crâne ; de la forme et de la couleur de sa bouche, de ses sourcils et de ses yeux ; de sa démarche et des attitudes diverses qu'il peut prendre ; le dire, croyez-moi, n'est pas un fait plus extraordinaire, nous dit Balzac, chez celui qui aura les aptitudes et la science requises pour l'entreprendre, que le fait de prévenir un soldat qu'il pourrait bien se battre ; un cordonnier, confectionner des bottes ou des souliers ; un cultivateur, qu'il devra fumer et labourer la terre s'il veut en tirer quelques récoltes.

Oui, l'ignorance et la sottise seules empêchent l'homme de pénétrer tant de merveilles si complexes, et si mystérieuses, quand on les ignore ; si simples et si merveilleuses, quand on les sait !

Fort heureusement, aussi, que pour les gens de bonne volonté, Dieu a mis tout enseignement, toute science dans la nature, il veut seulement qu'on l'observe pour la comprendre. Né passif avec maints germes d'activité, par maints efforts, l'homme devient actif ; d'ignorant, savant, à la seule condition de travailler, de travailler beaucoup !

Ici, permettez-moi d'ouvrir une parenthèse et de vous exposer un fait qui m'est tout personnel :

Or donc, un soir, qu'à travers les verres grossissants d'un télescope, je contemplais la lune ; d'un crayon que je tenais à la main, s'échappa, je ne sais trop pourquoi, cette singulière invocation :

« Pauvres mortels que nous sommes, savons-
« nous seulement ce que cet astre divin con-
« tient de vastes horizons, de douce et de tiède
« lumière... Oh ! comme je voudrais parcourir
« ta mystérieuse sphère ; avec quelles extases
« pleines d'angoisses et de voluptueuses ter-
« reurs, je souhaiterais me sentir errant dans
« la nuit éternelle qui t'entoure immobile et
« muette... »

Et dès le lendemain, possédé par un démon nouveau, j'écrivais :

Le chemin de la lune, s'il vous plaît.

Or, à cette époque, je ne m'inquiétais guère de la lumière astrale.

Et bien loin d'être lié d'amitié confraternelle avec Desbarolles, j'ignorais même qu'il eut composé un traître mot sur la chiromancie. Et pourtant, réhabilitateur et régénérateur courageux de cette science, il avait su, dès son premier ouvrage sur ce laborieux sujet, la rendre et plus claire, et plus rationnelle, et plus attrayante, soit en la dépouillant de ses *impedimenta* scholastiques, soit en la contrôlant par les systèmes de Gall, de Lavater, de Porta, d'Arpentigny. Grâce à cet excellent procédé, la kabale ne fut donc plus désormais une pratique malsaine de sorcier, mais bien le plus curieux, le plus intéressant, le plus utile sujet d'études que je connaisse. Novateur et vulgarisateur est donc Desbarolles, car après avoir écrit les *Mystères de la main*, en 1859, dès l'hiver de 1874, à San-Rémo (Italie), dans un délicieux cottage anglais (Rustic-House), six mois durant, et cela, sans autre voisinage que la mer, sans autre cabinet de travail qu'un bois d'orangers et de palmiers, il classe les fruits aussi laborieux qu'heureux de vingt ans et plus d'expérience, dont le titre, sauf modification, sera :

MON DERNIER MOT
SUR LES MYSTÈRES DE LA MAIN

Cinq cents gravures explicatives accompagneront le texte, de façon que les moins familiers d'entre ses nombreux adeptes, pourront lire couramment le langage des signatures astrales personnifiées par les monts et les lignes de nos mains.

Moi-même, de fort loin, emboîtant les pas du maître, tout en étudiant, tout en expérimentant, j'ai été quelquefois émerveillé des résultats obtenus.

A titre de contre-épreuve et dans l'impossibilité d'aller en personne, lui rendre visite, j'ai dû lui adresser, de mes mains et de ma portraiture, une collection de cartes photographiques. Oh! merveille des merveilles! Il me jaugea, me jugea avec une si scrupuleuse exactitude, que je voulus, à mon tour, lui en témoigner ma vive gratitude, partant écrire cette petite causerie en y ajoutant une citation sur tout autre que sur moi-même

Eh bien oui! Eh! que je connaissais peu mon homme! Ce cher ami ne voulut rien entendre, rien! sinon exiger la transcription textuelle de ce même portrait, le mien, toujours, et rien que le mien! Vainement, objectais-je que c'était bien dur à lui, de me faire commettre de la sorte, un acte si parfaitement notoire de vanité, défaut si peu dans ma nature

— VII —

et dans mes goûts d'incorrigible indépendance !
Une fois encore, rien n'y fit.

« Connu comme je l'étais en province, je ne pouvais lui refuser cette justification *ad hominem*, car, pour sa thèse, l'important était encore de prouver, même aux plus incrédules, que dans sa manière de procéder, il n'y avait de sa part aucune espèce de sorcellerie.

Allez donc de l'avant ! Vous vous méfiez trop de vous-même. Et croyez-vous, ajoutait-il, et croyez-vous que si vous n'aviez pas été pour moi un des types les plus favorables à mes expériences, croyez-vous que malgré l'amitié que je vous porte, j'aurais pu placer votre portrait dans mon nouvel ouvrage ?

Vaincu enfin sans être plus convaincu, mais par dessus tout, désireux de faire aimer la chiromancie autant que son rajeunisseur, je dus m'ingénier pour donner à cette causerie les proportions les plus convenables.

Plus long, j'aurais été plus clair, mais l'espace me manquait. Plus court, je serais demeuré une énigme.

En toutes occurrences, à Desbarolles la plume ! Vous y gagnerez.

E. D. JACOB DE LA COTTIÈRE.

(1) L'auteur de cette causerie, membre de la SOCIÉTÉ DES GENS DE LETTRES, demeurant à LYON, PLACE BELLECOUR N° 8, prie messieurs les directeurs de journaux de vouloir bien se conformer aux clauses de nos traités annuels ; lui adresser au moins un numéro, et si ces messieurs ne pouvaient reproduire qu'un de ces deux articles, donner la préférence *au second*, avec quelques lignes explicatives d'introduction.

UN PORTRAIT

PAR

DESBAROLLES (1)

Lorsque les gens de commerce veulent savoir si une addition est juste, ils la calculent à l'envers et ils appellent cela faire la preuve. Eh bien! je vais essayer aussi de faire la preuve, (puisque je viens d'opérer en allant de la graphologie à la chiromancie) en allant cette fois de la chiromancie à la graphologie. En présentant ainsi mon système sous deux faces différentes, donnant d'un côté comme de l'autre les mêmes résultats ; je le ferai mieux comprendre et c'est là mon plus vif désir.

J'examinerai donc, en suivant cette marche, les signes *chiromaniques* et les organes phrénologiques qui se font remarquer chez un de mes confrères de la société des gens de lettres de Paris, dont le type est bien tranché et par conséquent favorable aux explications précises, et puis ensuite je

(1) Tiré d'un ouvrage sous presse, intitulé: MON DERNIER MOT SUR LES MYSTÈRES DE LA MAIN, par Desbarolles.

prouverai en interprétant un de ses autographes, d'après les règles données dans le livre des mystères de l'écriture que le caractère et les aptitudes déjà indiquées par la chiromancie et le système de Gall sont en parfaite harmonie avec le caractère et les aptitudes révélées par l'écriture.

A l'étude suivante faite sur un autre de mes confrères en Appollon, je ferai marcher ces sciences de front en les mélant les unes avec les autres.

Malheureusement, M. de la Cottière demeure en province, et je n'ai pu avoir de sa main, que des photographies où les lignes sont inexactement reproduites; mais comme il n'est pas nécessaire de raconter les événements de sa vie passée, nous nous contenterons de ces épreuves.

Son portrait photographique nous le désigne comme Jupitérien, par son front fuyant, son nez gros et son double menton déjà assez prononcé.

C'est donc un partisan du confortable et de tous les agréments de la vie; mais sa grande bienveillance (13) indique que s'il aime le confortable, il trouve plaisir à le faire partager aux autres.

Sa lèvre inférieure un peu épaisse ne détruit rien de ce que je viens d'avancer, et son sourire habituel nous redit encore bienveillance, cette fois mêlée de finesse et parfois de malice, comme il convient à un observateur... Ses préceptives (26 et 32) indiquent le goût de la couleur, de la musique et l'individualité (22) qui signifie aussi voyage et curiosité, nous apprennent qu'il observe avec attention et se rappelle ce qu'il a vu. Les *perceptives* groupées autour des yeux ainsi que les yeux saillants (*types de la lune*) annoncent la facilité de production et naturellement la poétique (19) se trouve sur la partie latérale du crâne comme il convient à un membre de la société des gens de lettres de Paris.

Les yeux troublés par moments et un commencement d'obésité le placent aussi sous l'influence de *la lune*. La tête rejetée un peu en arrière avec une certaine fierté, nous révèlent par le développement de l'organe (15) une volonté ferme et par moments dominatrice.

Nous trouvons donc sur le crâne fermeté (*Mars*); bienveillance et confortable (*Jupiter*), habileté, finesse (*Mercure*); par les yeux développés et troublés (*la lune*) et par les formes rondes du nez, du menton nous trouvons aussi *Vénus*.

Si nous passons à la chiromancie, nous retrouverons les mêmes signatures planétaires qui viendront aussi tout à l'heure se faire remarquer en graphologie.

En chiromancie donc nous remarquons un développement égal et complet de tous les monts placés au-dessous des doigts.

Tous les monts sont donc favorables du côté matériel, tous doivent concourir à amener ou à conserver la chance heureuse ou la position. Le mont de *Jupiter* est remarquablement saillant. Si en effet, il donne, on le sait, par le front fuyant non-seulement les goûts aristocratiques mais la protection, mais la famille, mais les amis et les réceptions de camarades, non pas les fêtes précisément qui effarouchent *la lune*, mais les dîners d'amis, les causeries jupitériennes, les réunions de bons et intelligents confrères agrémentées des produits de MM. Chabot et Potel, c'est encore camaraderie et bienveillance ; mais les doigts sont carrés, très-carrés, c'est le commerce, le droit, l'ordre, la clarté. Le doigt de Saturne est épais, c'est propension à la mélancolie en harmonie avec *la lune*. Les ongles sont courts, *c'est l'esprit critique*, c'est parfois la causticité qui, tempérée par Jupiter et Vénus, s'en tient à la malice. *L'ongle court est aussi la signature de* Mars et le mont de Mars développé vient leur donner une certaine importance; c'est donc énergie quand il le faut d'autant plus que la première phalange du pouce, de tous ces signes le plus significatif, indique, par sa longueur : *fermeté* domination et par son épaisseur entêtement et persévérance. L'influence de *Mercure* interprétée comme finesse s'indique dans sa main par un sillon assez creux allant de la 2e à la 3e phalange de l'auriculaire qui signifierait non-seulement finesse, mais, à la rigueur, entente des affaires. Le goût du confortable est indiqué chez lui par la base des doigts, qui est grosse presqu'épaisse même.

Le mont de Vénus développé lui donne le goût de la forme, la tendresse et même l'amour.

Nous trouvons donc là cinq planètes dominantes : *Jupiter, Mercure, Mars, Lune, Vénus.*

Le *soleil* trace aussi assez profondément son sillon sur le mont. Son pouce retroussé lui donne *la générosité* bien en harmonie avec ses aptitudes jupitériennes. Le doigt de *Mercure* très-court lui donne *l'assimilation rapide, intuitive* sans approfondir ; ses doigts retroussés à leur extrémité signalent aussi en lui, par excès, en dépit de leur forme carrée, une imagination fantasque, étrange, en cela en harmonie avec *la lune.* Et il résulte de ce mélange des productions impétueuses, déréglées, malgré le contrôle des ongles courts.

Après avoir publié deux charmants volumes : *Les silhouettes de paysans,* et *les Allemands chez eux,* livres sages, bien écrits, bien pensés, presqu'académiques ; *la lune* l'emporte et le voilà courant *par monts et par vaux,* nous présentant avec une verve folle, dans *le chemin de la lune s'il vous plaît,* d'horribles cauchemars, des figures grimaçantes comme les mendiants et les bandits de Callot ; et, si l'on peut le suivre dans sa course échevelée l'on en arrive au vertige et cependant, il y a là des critiques très-justes et très-originales de notre monde à nous; mais la forme effarouche, et le voyageur qu'il entraîne, à moins de porter au crâne, *l'idéalité monstrueuse*, reste en chemin pour reprendre haleine.

Donc en phrénologie, les planètes principales sont : Lune, Jupiter, Mars et Mercure auxquelles viennnent s'adjoindre Vénus et le Soleil. Et nous avons vu ce que l'influence de ces planètes a donné.

Nous remarquons en chiromancie l'influence des mêmes planètes indiquées par les monts, *surtout* par le développement de ceux de Jupiter, de Mars, de Mercure et de la Lune.

Si nous examinons *l'écriture isolément* au point de vue de la simple graphologie, que nous apprend-elle? *qu'il est dominateur*; (*Jupiter*) *qu'il est énergique*; qu'il a une grande ardeur (*Mars*); qu'il est plus *intuitif* que *déductif* et cependant équilibré; qu'il a de *la fougue, de l'entrain, des accès de franchise*, tout en ayant au besoin *une certaine finesse* (*Mercure*), qu'il se trouve des moments où fléchit sa volonté; *qu'il est tenace,* (*Mars*), *qu'il a des caprices* (*Lune*) qu'il laisse voir de temps en temps; *qu'il a du cœur, de la tendresse* (*Vénus*), mais qu'il lutte contre les entraînements· C'est un cocher expérimenté qui tient ferme les rênes à des

Il est artiste jusqu'au bout des ongles ; il estime l'art bien plus que la fortune, bien plus que la naissance, c'est un sacerdoce pour lui ! *Est-il militaire ?* Non ! son écriture est celle d'un militaire et il en aurait au besoin l'énergie, mais les doigts spatulés (indépendance) et sa ligne de tête qui descend vers la lune, lui ôte ce goût des batailles.

S'il était militaire, il aurait dans la cavalerie, les doigts très-spatulés ; s'il était dans l'infanterie, les doigts carrés ; mais son mont de Mars serait très-développé et ses oreilles seraient *très-saillantes.* Il est artiste enfant d'Appollon et l'art qu'il préfère c'est la littérature ; il est capricieux, comme son écriture l'indique, par ses bonds continuels, on dirait un cheval qui caracole et qui saute à chaque moment des barrières. Il est capricieux, parce que la Lune (le caprice) domine son imagination ; parce qu'il aime l'eau et les lacs qui sont *sous l'influence dominante de la lune,* comme il le dit lui-même page 151 dans LES ALLEMANDS CHEZ EUX. *Qu'un lac est une belle chose ; avec quelle incomparable douceur l'on se sent vivre, respirer, rêver...,etc.* Et puis par cela même que la lune domine, la lune annonce sa maladie principale par les lignes que j'ai déjà données et la faiblesse des yeux.

Est-il casanier ? Il peut rester chez lui, mais il aime les voyages. Il en a l'organe aux sourcils (27). Aime-t-il le commerce, les chiffres ? non ! Il préfère les arts mais il entend le contrôle d'administration par *les ongles courts*. Est-il *sobre* ou viveur ? Il a le front fuyant de Jupiter et le mont est très-saillant dans la main, et le goût du confortable est indiqué très-clairement par l'épaisseur de la 3e phalange.

Les doigts Jupiter, Saturne et le Soleil sont entièrement presque de la même longueur, ce qui indiquerait, comme nous l'avons vu souvent déjà, spéculation, jeux, dans les affaires ou entreprises hardies, si ce signe n'était mitigé par la ligne de tête qui descend rapidement vers la lune et qui donne le goût de la poésie surexcité par les lignes qui s'y trouvent, parmi lesquelles se remarquent hélas ! des signes qui révèlent (une maladie de la Lune) qu'il combat par l'usage annuel des eaux. Les doigts carrés lui donnent la règle, la méthode en toutes choses et le goût de la forme académique en littérature, mais nous l'avons vu, la lune *très-influente*, chez lui, vient souvent bouleverser toutes ces belles proportions en se jetant parmi elles, à corps perdu, comme une boule énergiquement lancée dans un jeu de quilles. Il a, par les ongles courts, l'esprit critique qu'il applique à la littérature.

Il aime beaucoup le monde intelligent, mais évite les imbéciles. Il a de l'audace chevaux vagabonds, que fouette une imagination exubérante. Nous verrons encore qu'il a des enthousiasmes et des mélancolies, qu'il est simple sans pose, qu'il est honnête, qu'il est franc, sans manquer de finesse et qu'il a l'esprit critique. On voit par là apparaître *Jupiter, Mars, Mercure, Lune, Vénus, Soleil.*

La graphologie a-t-elle dit son dernier mot? Oui, selon nous, et c'est déjà beaucoup sans doute. Mais est-il artiste? Et s'il est artiste quel est le genre de son art? Quel est l'art qu'il préfère? S'il est capricieux, quel est son genre de caprice? Quelle est sa maladie dominante? Est-il casanier? Aime-t-il les voyages? Est-il militaire, et s'il est militaire, est-il dans la cavalerie, dans l'infanterie? Est-il marin? Aime-t-il la mer et les *plages*, la pêche, le spectacle de l'eau? La clarté de la lune? Aime-t-il les chiffres et le commerce? Est-il administrateur ou brouillon? Est-il sobre ou viveur? Nous lui voyons l'humeur critique mais à quoi est-elle appliquée? Aime-t-il le monde ou l'évite-t-il? A-t-il confiance en lui ou a-t-il défiance de lui-même? Est-il peintre? S'il est peintre, que préfère-t-il? La couleur ou le dessin? Quel est son genre de couleur, forte, faible, blonde, éclatante ou harmonieuse? Est-il sculpteur, architecte ou mécanicien? Est-il littérateur? Et s'il l'est quel est son genre de littérature? Fait-il du théâtre, de la critique, de la philosophie, du journalisme? Est-il poëte et fait-il des vers? Est-il orgueilleux, et s'il est orgueilleux, quel est son genre d'orgueil? L'orgueil de la naissance, du rang ou du talent? Dans l'art et tant de choses encore ou la graphologie isolée ne pourra répondre, elle vous indiquera des passions, des instincts, mais sans pouvoir donner les détails et les nuances. Mais la chiromancie peut-elle répondre à toutes ces questions? Oui, sans doute. Et nous avons déjà donné au-delà, dans ce livre, la réponse à tout ce que nous demandons ici.

Nous répondrons donc à toutes ces questions par les planètes mêmes que nous avons indiquées, tout à l'heure, en phrénologie et en chiromancie. Les planètes, on le sait, sont : *Jupiter, Mars, Mercure, Lune, Apollon* et *Vénus*. Toutes ont une action indiqué par la paume pleine et charnue et par les lignes qui les sillonnent.

Est-il artiste? Oui! Par le doigt long du soleil et par la ligne solaire sur le mont et par le doigt de Saturne qui se penche du côté du Soleil. Est-il ambitieux? Il est ambitieux par Jupiter, le mont de Jupiter développé. Quelle est son ambition? Il est simple, il est affable, et son doigt du Soleil, *réputation*, *art*, a la même hauteur que le doigt de Jupiter et que le doigt de Saturne, *la fatalité!* Où place-t-il et placera-t-il son orgueil? C'est dans la satisfaction artistique.

par accès (Mars); mais il se défie de lui-même *par sa ligne de tête serrée.*

Son genre de littérature est là, il s'applique à tout, au journalisme, à la philosophie par les *réflectives*, il peut faire des vers.

J'ai répondu aux questions que je m'étais posées, maintenant en relisant l'application phrénologique et chiromanique, on sera à même de trouver une foule de choses essentielles, capitales et des nuances à l'infini, que la graphologie seule ne peut indiquer et qu'elle n'indiquera jamais. Et l'on comprendra qu'en consultant l'influence des planètes comme je l'ai fait, on donne à la graphologie une importance réelle, c'est ce que je voulais prouver par ces explications détaillées.

DESBAROLLES.

Pour copie conforme :

E. D. JACOB DE LA COTTIÈRE.

Vichy. — C. Bougarel, imprimeur. — 1875.

www.ingramcontent.com/pod-product-compliance
Lightning Source LLC
Chambersburg PA
CBHW060916050426
42453CB00010B/1750